MENTALIDAD DE
RIQUEZA

MENTALIDAD DE RIQUEZA

INDICE

10 diferencias distintivas de los ricos de los pobres

Los ricos creen que crean su propio destino, mientras que los pobres creen que están predestinados

Los ricos se centran en las oportunidades, mientras que los pobres se centran en los problemas

Los ricos tienen grandes sueños mientras que los pobres sueñan pequeños

Los ricos se comprometen con sus sueños, mientras que los pobres duermen soñando sus sueños

Los ricos juegan para ganar mientras que los pobres juegan solo para no perder dinero

La gente rica se conecta con la gente rica y exitosa, mientras que la gente pobre se conecta con la gente pobre

Las personas ricas aprenden bien, mientras que las personas pobres piensan que lo saben todo

Las personas ricas son líderes mientras que las personas pobres son seguidores

La gente rica se enfoca en ahorrar mientras que la gente pobre se concentra en gastar

Las personas ricas tienen su dinero trabajando duro para ellos, mientras que las personas pobres trabajan duro por su dinero

Resumen

Las 4 habilidades esenciales de riqueza

HABILIDAD DE RIQUEZA 1: Ganar dinero desde cero

HABILIDAD DE RIQUEZA 2: Presupuestando su dinero

HABILIDAD DE RIQUEZA 3: Ganar más dinero con dinero

HABILIDAD DE RIQUEZA 4: Proteger tu dinero

7 pasos vitales para cambiar tu mañana, comenzando hoy

CONCLUSION:

10 diferencias distintivas de los ricos de los pobres

Mucha gente piensa que la vida es muy injusta. Alli están trabajando duro y, sin embargo, sus ingresos ni siquiera son suficientes para comprarse un helado. En el otro lado de la moneda, conoces a alguien que ni siquiera derrama una gota de sudor y, sin embargo, miente en el lujo. Si crees que la vida ha sido tan grosera contigo y que naciste para sufrir tu destino, estás pensando como pensaría un pobre hombre. Pero si crees que eres el dueño de tu destino y tienes el control total de tu vida, entonces tienes la mentalidad de un hombre rico.

Conocer los secretos bien guardados de los millonarios es la clave para abrir la puerta del éxito. En la mayoría de los casos, las personas adineradas te dirán que no existe una fórmula exacta para estar bien en la vida. El secreto radica en la actitud que facilita el flujo de riqueza. El enfoque es sobre el aspecto psicológico de las personas ricas.

En nuestra sociedad actual, la brecha entre ricos y pobres se amplía cada día más. Los ricos se vuelven más ricos mientras que los pobres se vuelven más pobres. Para ayudarnos a comprender la situación satírica, necesitamos profundizar en la mentalidad de las personas ricas y bendecidas y compararla con la forma de pensar de las personas pobres y desfavorecidas. Aquí están las diez diferencias distintas en la mentalidad monetaria de los ricos frente a los pobres. Mientras lees las diferencias, intenta evaluar tu propia mentalidad y ver a dónde pertenecen principalmente las tuyas.

Pero recuerda que al definir "rico" y "pobre" no me estoy refiriendo al tamaño de la cuenta bancaria actual, el patrimonio neto, los activos, etc. Más bien, me estoy refiriendo al estado mental. Una mente humana es tan poderosa que puede crear activos, o incluso pasivos. Si tienes una mente condicionada a ser pobre, no importa qué riqueza tengas hoy, puedes perderla tarde o temprano. Por otro lado, si tienes la mente de una persona rica, puedes crear tu riqueza desde cero o recuperarla más rápido de lo que te tomó la primera vez, incluso si hoy lo pierdes todo.

Los ricos creen que crean su propio destino, mientras que los pobres creen que están predestinados

El destino se refiere al curso predeterminado de los acontecimientos en la vida de uno. La idea del destino tiene una historia profunda y la intervención divina es la creencia más popular. Las personas confían en que sus vidas dependen de la voluntad de un ser sobrenatural. Todas las acciones son en vano si no coincide con la voluntad de lo divino.

- **Destino VS acción**

Gente rica

Las personas ricas crean una vida increíble porque no creen en el destino predeterminado. En cambio, creen que la vida es lo que hacen. Si descansa todo el día y espera que la fruta grande caiga en su boca, nada se moverá. Todo permanecerá en su lugar a menos que lo mueva. Al igual que la Ley de Movimiento de Newton, "a menos que actúe una fuerza externa neta, un cuerpo en reposo permanece en reposo y un cuerpo en movimiento permanece en movimiento". Este ejemplo científico es cierto incluso en la vida real y las personas ricas aplican esta teoría en sus vidas. Para las personas ricas, creen que son responsables de su propia vida. Crean su propio destino y no la economía, la suerte o el conocimiento.

Gente pobre

Los pobres, por otro lado, creen que son esclavos de su propio destino. Hagan lo que hagan, los adversarios vienen sin importar cómo los eluden.

- **En control VS fuera de control**

Gente pobre

Los pobres creen que viven una vida rebelde. Su existencia es muy incontrolable. Cuando actúan, los resultados son siempre inmanejables. Cuando fracasan en sus esfuerzos, culpan a la economía, al jefe, a su familia y a otros que no fueron en consecuencia.

Gente rica

Los ricos piensan lo contrario. La vida es una serie de planes. Con la planificación correcta y las acciones apropiadas, los resultados son favorables. Asumen plena responsabilidad por todas sus acciones.

Conclusión:

Cuando sigas pensando que la vida solo te sucede, eventualmente perderás el poder de cambiar las cosas y controlar tu vida. Un hombre rico asume la responsabilidad de las circunstancias que creó, mientras que un hombre pobre se siente como una víctima del mundo. Si deseaS alcanzar la abundancia financiera, piensa como lo haría un hombre rico. Cree que creas tu futuro y no otras personas o eventos.

Los ricos se centran en las oportunidades, mientras que los pobres se centran en los problemas

Las oportunidades vienen de manera directa e indirecta. Los problemas enmascaran las posibilidades que se presentan. Cuando miras las cosas superficialmente, solo ves la fachada y no aprecias la bendición que hay debajo.

- **Oportunidades VS obstáculos**

Gente pobre

La diferencia entre los ricos y los pobres es la actitud hacia un problema. Cuando se enfrenta a un problema, un hombre pobre lo ve como un obstáculo para su vida fácil. Detesta las dificultades y lo ve como un obstáculo para su vida relajada. Cuantos más problemas enfrenta, más ve su vida como complicada.

Gente rica

Los ricos ven el problema como una puerta para nuevas oportunidades. Se centran en la solución en lugar de perder el tiempo en la desesperación. Con cada obstáculo, tratan las cosas positivamente y miran más allá de lo obvio. Los ricos se concentran en encontrar soluciones a su crisis. Elucidan las cosas para ver las cosas desde una mejor perspectiva.

- **Acción VS queja**

Gente pobre

Los pobres siguen quejándose de los obstáculos. Derrochan el tiempo quejándose de las circunstancias de su vida. Al final del día, su queja se intensifica ya que no han hecho nada para resolver el problema.

Gente rica

Los ricos actúan sobre sus problemas. Pueden gemir un poco, pero trabajan para desentrañar la miseria. Cuantos más problemas resuelvan, mejores serán sus sentimientos.

Conclusión:

Los problemas y las fallas son parte de tu proceso de moldeo para volverte difícil y ser una mejor persona. Con los problemas, aprende de tus errores y mejora cuando llega el próximo. Cuando te enfrentas a una oportunidad, se te ocurren soluciones creativas. Evita la acción del pobre hombre de sentarse y ponerse de mal humor al respecto.

Los ricos tienen grandes sueños mientras que los pobres sueñan pequeños

Soñar es la motivación para el éxito. Cuando una persona sueña, se esfuerza por alcanzar sus sueños. Tanto los ricos como los pobres sueñan. La diferencia es el tamaño de su sueño. Cuando tienes sueños pequeños, trabajas menos mientras que los grandes soñadores trabajan más para lograr su visión.

- **grande VS pequeño**

Gente pobre

Los pobres tienen pequeños sueños. Sueñan con comer tres veces al día, tener una casa pequeña para vivir y conseguir un trabajo con buena paga. Estos son todos los sueños de un hombre pobre. Debido a que cualquier empleado ocasional puede lograrlo fácilmente, muchas personas pobres sienten que no necesitan esforzarse más. De todos modos, ¿por qué trabajar más duro? Han logrado su sueño después de todo.

Gente rica

Para las personas ricas, para lograr grandes cosas, tienes que soñar en grande. Los hombres ricos se apegan a este principio. No sueñan con comer tres veces al día, sueñan con comer más que eso en el lujo. No sueñan con una casa pequeña, sueñan con una casa cómoda para su familia más una casa de descanso durante sus vacaciones. No sueñan con un trabajo con buena paga. En cambio, crean trabajos.

- **Aspirante VS satisfacción**

Gente pobre

Los pobres se contentan con lo que tienen. No aspiran a más. Creen que desear más cosas significa complicarte la vida. Cuando las personas pobres logran sus pequeños sueños, comienzan a vivir una vida de mala calidad.

Gente rica

Los ricos aspiran a más. Creen que sus habilidades pueden llevarlos a lugares. Debido a que tienen grandes sueños, trabajan duro para convertir las aspiraciones en realidad.

Conclusión:

No puedes lograr cosas más grandes si solo tienes sueños pequeños. Cuando sueñas, sueña en grande, de todos modos, no hay nada que perder en soñar.

Los ricos se comprometen con sus sueños, mientras que los pobres duermen soñando sus sueños

Es un hecho que los sueños son el primer paso hacia el éxito. Pero no termina ahí. Para que los sueños se hagan realidad, debes trabajar para ellos.

- **Compromiso VS soñar**

Gente pobre

A la gente pobre le encanta soñar incluso cuando el sol está alto. Permanecen de buen humor incluso cuando es hora de trabajar. Siguen soñando que las cosas sucederán en un instante. Siguen pensando lo bueno que es vivir en la opulencia, pero nunca hacen nada para experimentarlo.

Gente rica

Los ricos trabajan duro en sus sueños. Se comprometen cada día de sus vidas para alcanzar sus objetivos. Agrupan sus esfuerzos para armar la vida de sus sueños.

Conclusión:

Soñar en grande no te hace rico. Necesitas trabajar duro cuando estableces tus metas. Pequeños pasos todos los días son mejores que simplemente esperar a que pase el tiempo sin acción. Al final del día, las pequeñas acciones pueden acumularse y llevarte a las escaleras del éxito.

Los ricos juegan para ganar mientras que los pobres juegan solo para no perder dinero

La gran diferencia de mentalidad es el propósito de jugar el juego. La vida es una apuesta. Cada decisión es un riesgo. No hay certeza en este mundo.

- **Toma de riesgos VS jugar seguro**

Gente pobre

Los pobres juegan el juego de la vida solo para evitar perder. Son demasiado cuidadosos para invertir y se aseguran de que las cosas salgan como quieren. En caso de duda, nunca toman una decisión. Siempre se mantienen seguros. Permanecen apegados al estigma del fracaso y demasiado temerosos de cometer errores.

Gente rica

Para los ricos, la vida se trata de correr riesgos. Como saben exactamente lo que quieren, invierten para ganar. Para ellos, perder nunca es una opción, estudian y analizan cómo funcionan las cosas e invierten una vez que conocen el flujo de las cosas.

Conclusión:

Solo aquellos que están dispuestos a

arriesgarse logran estabilidad financiera y abundancia. Cuanto mayor sea el riesgo que corres, mayor es tu recompensa. Sin embargo, incluso las personas ricas no corren riesgos sin preparación. Cuando vaya a arriesgarse, asegúrate de que tu preparación sea suficiente para garantizar la victoria. Estar armado cuando juegas con la vida.

La gente rica se conecta con la gente rica y exitosa, mientras que la gente pobre se conecta con la gente pobre

Las personas a tu alrededor tienen un efecto indirecto en nuestras formas de pensar. Intenta asociarte con personas pesimistas y eventualmente serás pesimista. Sin embargo, cuando vas a una compañía de personas joviales, absorbes su alegría.

- **Receptividad VS hostilidad**

Gente pobre

Los pobres son hostiles a los ricos. Piensan que su estilo de vida no es tolerable. En cambio, se asocian con personas con los mismos ingresos que los suyos. Pasan el tiempo preguntándose cómo las personas ricas se vuelven más ricas y envidian la suerte que tienen.

Gente rica

Los ricos son receptivos a nuevas ideas y nuevas personas. Pasan tiempo con personas que pueden ayudarlos a alcanzar sus sueños. Se unen a personas que ganan seis dígitos o más. Analizan cómo estas personas ricas se vuelven más ricas y absorben sus formas y pensamientos.

Conclusión:

Los pobres piensan que su riqueza depende del origen de su familia. Eres rico si solo perteneces a una familia de ricos. Los ricos piensan lo contrario. Van con personas que pueden ayudarlos. Hablan con personas financieramente exitosas tomando notas de sus secretos para la prosperidad. Con las asociaciones correctas, puedes hacerte rico incluso si vienes de una familia pobre.

Las personas ricas aprenden bien, mientras que las personas pobres piensan que lo saben todo

La vida se trata de aprender. Cuando declaras eso, lo sabes todo, el aprendizaje se detiene. Sin embargo, cuando admite que aún necesita más conocimiento, anhelará aprender más.

- **Mente abierta VS mentalidad cerrada**

Gente pobre

Los pobres creen que lo saben todo. Saben

cómo funciona la vida y cómo vivir bien. Sus creencias les hacen cerrar sus mentes a nuevas ideas. Si no está dispuesto a aprender, nunca sabrá por qué las personas ricas se vuelven más ricas y por qué siguen siendo pobres a pesar de todos sus esfuerzos.

Gente rica

Los ricos admiten que todavía necesitan aprender. Cuando le das un margen de mejora y nuevas ideas, abres tu mente a las posibilidades. Una de las formas más fáciles de obtener abundancia financiera es aprender de las personas que alcanzaron el estatus.

Conclusión:

La clave del éxito financiero es aceptar tus

defectos y aprender de las personas. Para ser el mejor, necesitas aprender de los mejores y aprender a ser el mejor. Solo cuando te abres al aprendizaje puedes vivir una vida de abundancia.

Las personas ricas son líderes mientras que las personas pobres son seguidores

La mayoría de las personas financieramente exitosas lideran el camino. Siendo un líder, estás al frente de las acciones. Debido al coraje necesario para ser un líder, solo aquellos con fuerte personalidad se convierten en el gerente.

- **Líderes VS seguidores**

Gente pobre

Los pobres tienen mentalidad de rebaño. Les gusta seguir donde fluye el agua. En lugar de tomar la iniciativa, están felices de dejar que otros piensen. No quieren asumir la responsabilidad de sus decisiones. Cuando alguien les pide su opinión, se la pasan a otros para no tener la culpa de los fracasos más adelante.

Gente rica

Los ricos toman la iniciativa. Ellos deciden por sí mismos y asumen toda la responsabilidad de sus decisiones. Pueden trabajar de forma independiente.

Conclusión:

Los ricos son líderes y los líderes son ricos. Esta idea surge debido a la actitud independiente de los líderes y las personas ricas. Incluso si se trata de una oficina ordinaria, los líderes a menudo son responsables de todo el grupo. Pueden tener mayores responsabilidades, pero también reciben salarios más altos.

La gente rica se enfoca en ahorrar mientras que la gente pobre se concentra en gastar

No importa cuán pequeño o grande sea tu ganancia, ahorrar es una parte crucial para hacerse rico. Si intentas ahorrar incluso diez dólares al día, eso significa 3.650 dólares al año y 36.500 en diez años. Bueno, eso es aún menos el interés que recibes del banco. Incluso si ganas 100,000 dólares al mes pero también gastas la cantidad total, nunca te harás rico hasta tu muerte.

- **Ahorro VS gasto**

Gente pobre

La gente pobre generalmente gasta más de lo que gana. No creen en el valor del ahorro. Ganan 100 dólares y gastan 110 dólares. Con el tiempo, el gasto excesivo se acumula y antes de darse cuenta, se están ahogando en deudas.

Gente rica

Las personas ricas se mantienen con un presupuesto mensual e incluso diario. Gastan solo dentro de su presupuesto declarado. Ahorran una parte de sus ganancias en el banco para ganar más intereses.

- **Tarjeta de débito VS tarjeta de crédito**

Gente pobre

Los pobres dependen de las tarjetas de crédito. No pueden vivir sin ellos. Cenan, compran y se van de vacaciones con sus tarjetas de plástico. Debido a que no ven los gastos y su efectivo permanece intacto, sienten que tienen el control total de sus finanzas. Solo para descubrir más tarde que todo se está saliendo de control.

Gente rica

Los ricos no compran con tarjetas de crédito. Si no tienen efectivo, usan tarjetas de débito. Creen en el dicho, "si no puede pagarlo en efectivo, realmente no puede pagarlo".

- **Cauteloso VS impulsivo**

Gente pobre

Los pobres son compradores impulsivos. Compran cualquier cosa en oferta y cualquier cosa con descuento. Incluso si no necesitan los artículos, siguen comprando pensando que pueden ahorrar de los descuentos.

Gente rica

Los ricos piensan en el producto muchas veces antes de comprarlo. Consideran la asequibilidad, la calidad y la utilidad del artículo. Cuando el artículo falla uno de los criterios, lo piensan repetidamente antes de finalmente decidir.

Conclusión:

Ganar dinero es difícil. Debido a la dificultad para ganarlo, piénsalo dos veces o incluso tres veces antes de dejar ir tus ingresos duramente ganados. Nadie sabe el futuro, por lo tanto, es importante ahorrar para asegurarse de tener algo en caso de sequía.

Las personas ricas tienen su dinero trabajando duro para ellos, mientras que las personas pobres trabajan duro por su dinero

Todos trabajan duro. La manera de dejar que tu dinero trabaje para ti es saber dónde invertirlo. Si sabes dónde colocar tus inversiones, harás que tu dinero trabaje duro para ti.

- **Inversión exitosa VS inversión inútil**

Gente pobre

Los pobres siguen buscando dinero para venir. Siguen trabajando y trabajando para ganar. Gastan más allá de sus medios y recurren a préstamos que acumulan intereses.

Gente rica

Los ricos saben dónde invertir su dinero. En lugar de que los bancos les cobren por intereses de tarjeta de crédito, cobran los intereses de sus ahorros. Experimentan una vida tranquila mientras su dinero trabaja para ellos.

Conclusión:

Para dejar de trabajar duro por tu dinero como lo hacen las personas pobres, vive dentro de tus posibilidades y ahorra. Deja que tu dinero haga el trabajo y disfruta la vida.

Resumen

No se puede culpar a nadie nacido en una familia pobre. Quizás puedas llamar a ese destino. Pero para morir aún tan pobre como las ratas, solo te culpas a ti mismo. En promedio, un hombre vive durante 70 años. Los aproximadamente 25,550 días de tu vida son suficientes para hacerte rico. Si malgastas tus días, el destino no debería ser la razón por la que seguiste siendo pobre por el resto de tu vida.

El secreto de los millonarios es fácil. Toman cada día como un nuevo comienzo para enfrentar los desafíos que los ayudarán a alcanzar sus grandes sueños. Quejarse es una pérdida total de tiempo. En lugar de compararte con los demás, trabajan en sus propias vidas. Toman iniciativa en lugar de un mero seguimiento. Confían en sus conocimientos y habilidades y no temen correr el riesgo.

A pesar de la situación de indigencia que nos rodea, el dinero abunda. Puedes ver dinero en todas partes. Está justo en el lugar equivocado en el momento equivocado. Para aprovechar la prosperidad, esté en el lugar correcto en el momento adecuado. Actuar. Encuentra las oportunidades para hacerte rico.

¿Dónde puedes clasificarte? ¿Posees la mentalidad de hacerte rico o las negatividades dominan tu mente? Hacerse rico es muy simple. Todo lo que necesitas es la actitud, mentalidad y acción correctas. Con estas características, embarcarse en el largo y sinuoso camino hacia la riqueza está a solo un paso. Adapta la mentalidad de los ricos y sé rico; y de lo contrario, mantente pobre con los hábitos y la mentalidad de los pobres.

Las 4 habilidades esenciales de riqueza

Probablemente sea una tontería preguntarle a la gente que quiere ser millonario. Sin la necesidad de más estudios e investigaciones, la respuesta será un rotundo sí. Ganar más allá de lo que necesitas y gastar en las cosas que no solo necesitas sino también en las cosas que deseas son sueños lujosos para muchos. Es el sueño de todos trotar alrededor del mundo, enviar a los niños a universidades de prestigio, darse el lujo de mimar y donar a organizaciones benéficas para ayudar a los pobres. Disfrutar de todo esto parece ser una ambición lejana.

Todos quieren ser millonarios. Pero la clave para ser uno de los hombres más ricos del mundo es conocer lo esencial para brindarte toda la suerte que necesitas. Aunque no existe una fórmula exacta para la riqueza, existen claves que te ayudarán a abrir las puertas del éxito. Se reduce a un sistema efectivo que aplican las personas ricas y exitosas. Esto probablemente debería ser muy efectivo para que vivan en el lujo y los nietos de tus hijos. Emplear las mismas habilidades no te hará perder nada. De todos modos, sí, comes tres veces al día, pero apenas cabes en el ingreso trivial que tiene tu familia.

Antes de presentar las habilidades esenciales de riqueza, es apropiado prepararte para tu viaje hacia la prosperidad. Como en cualquier esfuerzo, debes prepararte y armarte con las necesidades anticipadas. Al trotar por el camino de la abundancia financiera, debes organizarte. Estas son las cosas importantes que debes llevar contigo a medida que avanzas en el camino hacia el éxito.

Visión

El comienzo de la abundancia financiera es la visión que debes establecer. A medida que tu visión se hace más grande, tu probabilidad de convertirte en millonario también es mayor. De todos modos, ¿qué hay que perder? Para contar los innumerables millones en tus manos, necesitas visualizarte con las manos en tu fortuna. ¿Quieres un auto, dos o tres? ¿Deseas tener un negocio exitoso o un negocio internacional con sucursales en todo el mundo? Piensas e imaginas lo que tu poder puede acomodar. Concéntrate en el resultado positivo de las cosas y visualiza una vida cómoda y financieramente abundante para ti y tu familia. Si crees que esto sucederá, lo harás. De lo contrario, tus dudas te mantendrán estacionario.

Plan

Las personas ricas no solo sueñan. Planean cosas y lo hacen específicamente. Tienen un plan todos los días y se apegan a él. Consideran cada día como un día para contribuir a su éxito futuro. Simplemente no puedes dejar tu vida a la suerte o como la ven los pobres, al destino. Los millonarios no creen en el destino predeterminado. En cambio, se hacen responsables de sus vidas. Están en perfecto control de su destino. En lugar de sentarse, escriben todas sus metas y hacen un plan de riqueza sistemático que siguen religiosamente.

Comprensión

Para que puedas alcanzar tu objetivo y establecer planes, debes comprender toda tu situación. Mira tú estado desde una perspectiva más amplia. Millonarios entienden el flujo de muchos en sus manos. Saben cuánto entra y cuánto deberían soltar. Los pobres solo intentan equilibrar este flujo. A veces la salida es incluso mayor que la entrada. Pero para los millonarios, su producción de efectivo es menor que su ingreso de efectivo. Por lo tanto, pueden ahorrar de sus ganancias.

Compromiso

Para convertirse en millonario, debes comprometerte con tus sueños. Ganar millones necesita mucho esfuerzo y compromiso. Recuerda, el camino hacia la abundancia financiera no es muy fácil. Habrá innumerables obstáculos. Si tienea poco compromiso con tu sueño, puedes darte por vencido rápidamente cuando tropiezas.

Estas son las cosas esenciales que debes llevar contigo a lo largo del camino hacia millones. Si estás listo para dar un giro importante en tu vida, sigue leyendo para conocer los secretos de aquellos que duermen en el lujo. Estate listo para evaluar tu propia vida y tomar medidas para hacer un cambio. A medida que leas, te sorprenderás al saber que todo lo que necesitas tener son cuatro habilidades de riqueza y estás listo para comenzar el viaje hacia la prosperidad. Ahora, veamos si puedes llegar al final del camino.

HABILIDAD DE RIQUEZA 1: Ganar dinero desde cero

Puede ser bastante escéptico convertirse en millonario desde cero. Pero es verdad. Muchos hombres ricos comenzaron de la nada.

A diferencia de otras personas que tienen una chequera gruesa, ahorros abundantes y muchas propiedades para liquidar para iniciar un negocio, probablemente pienses que nunca podrás ser candidato para convertirte en millonario. Sin embargo, no necesitas todo esto. Todo lo que necesitas es a ti mismo. Tu eres el activo más grande e indispensable de tu futuro negocio. Hay muchas formas conocidas de ganar dinero desde cero. Si crees que esto es imposible, mira a tu alrededor. La mayoría de las personas exitosas comenzaron desde cero. Todo lo que necesitas hacer es dejar que tu imaginación funcione, ser creativo y tener confianza.

1. Venta

Venta de garaje

Vender es la forma tradicional de ganar dinero desde cero. Puedes vender tus productos, especialmente tus artículos de segunda mano, basura u otras probabilidades. En lugar de guardar los artículos en tu almacén, puede convertirlos en efectivo. Cuando hagas esto, serás uno de los que dirá: "Hay dinero en la basura".

Bienes raíces

Si tienes una buena habilidad de comunicación, entonces tienes el poder de convencer a las personas con tus palabras y tus palabras pueden ser tu mejor activo. Muchos emprendedores inmobiliarios exitosos comenzaron desde cero. Con solo su voz y palabras como capital inicial, pudieron crear millones.

Puesta en marcha

Además de los bienes raíces, también puedes vender productos de otras personas. Puedes ofrecer vender sus productos junto con los tuyos. A cambio, puedes obtener una comisión por cada artículo vendido.

Vender te brinda una fuente ilimitada de fondos. Mientras seas trabajador en tratar con diferentes personas, es un éxito seguro. Sin embargo, dado que trabajas en un entorno relacionado con el cliente, asegúrate de tener mucha paciencia. Conocerás personas con personalidades variadas que pondrán a prueba tu carácter. Pero no te metas en ellos. Ten en cuenta que pueden ser tu clave potencial para el éxito.

Si te gusta vender, debes estar siempre en movimiento. Si tu negocio lo requiere, debes estar donde está la acción. La flexibilidad de tiempo es muy importante ya que muchos clientes no quieren esperar y hay muchos competidores que anhelan ganar tanto como tú. Si bien puede parecer un comienzo difícil, obtendrás el fruto de tus esfuerzos al crear un nombre para ti. Cuando eso sucede, puedes ser el jefe de tu propia empresa.

2. Ofrece tu servicio

Cada persona tiene una habilidad única para ofrecer. El secreto para ganar dinero desde cero es aprovechar tu singularidad. Puedes destacar entre la multitud cuando muestras tu habilidad, talento o habilidad excepcionales. Para convertir tu habilidad en efectivo, ofrece tu servicio a otros. Anúnciate y mantén a tus clientes satisfechos para asegurarte de que los clientes repitan o sean referidos por otros. Aparte de las formas habituales de anuncios, no olvides encantar a las personas. Los millonarios tienen cierto encanto que atrae a las personas hacia ellos. A medida que acerques más personas a tus servicios, tu propia empresa tendrá un valor multimillonario en muy poco tiempo.

Ofrecer servicios no es solo dinero fácil. También sirve como una salida para tus talentos, habilidades y destrezas. Recuerda, no estabas aquí para mantener tu singularidad dentro. Tienes que compartirlo con el mundo y darlo a conocer. No solo te mejora a ti, también beneficia a otras personas.

La idea es buscar problemas de clientes y encontrar una solución a esos problemas. Si la gente se preocupa por cosas rotas, arréglalas. Mientras encuentres una solución para sus problemas y necesidades más comunes, nunca perderás tu mercado comercial.

3. ¡Conéctate en línea!

Con la llegada de los negocios en línea, no necesitas salir de tus propias comodidades solo para obtener un ingreso de seis cifras. Puedes ganar dinero desde tu casa siempre que tengas acceso a Internet. Cuando estás en línea, las posibilidades de ganar dinero desde cero son infinitas. El dinero está justo debajo de tu nariz y a solo un clic de distancia. Lo bueno del trabajo en línea es que te quedas en casa, sin jefes y aún así ganas mejor que aquellos que trabajan dentro de los límites de su oficina. Aquí están los trabajos comunes para hacer dinero en línea.

Blogging en línea

Los blogs en línea comenzaron como un

pasatiempo de personas. Era su salida de sus emociones y sentimientos cotidianos. Sin embargo, a medida que las personas se relacionan con sus propias historias, adquieren seguidores que contribuyen a sus blogs. A medida que sus blogs aumentan en número, los visitantes vienen e interactúan con ellos. Cuando los anunciantes en línea ven el aumento del tráfico en su sitio, comienzan a solicitar un espacio publicitario, y esta puede ser su oportunidad de obtener ingresos de algo que comenzó como un hobby.

Redacción de artículos

Las personas usan Internet como su principal fuente de información. Esta es la razón por la cual los vendedores en línea requieren una gran cantidad de información para satisfacer a la mayoría de los buscadores en línea. Sin embargo, no todas las personas tienen el tiempo y el talento para escribir y aquí es donde puedes entrar. Puedes escribir para alguien y obtener el pago por ello.

Ganar dinero desde cero es difícil. Tu capital eres solo tú. Sin embargo, no te preocupes; tienes el mejor capital inicial que incluso las grandes empresas no tienen. Al invertir una gran cantidad de dinero, también se arriesga mucho. Sin embargo, cuando comienzas desde cero, no tienes nada que perder y mucho que ganar. Puede ser bastante desafiante, pero las recompensas son gratificantes. Si quieres tu primer millón ahora, puedes tenerlo de inmediato. Es tu propio ritmo y nadie dictará cuánto o cuánto puedes ganar.

HABILIDAD DE RIQUEZA 2:
Presupuestando su dinero

En la primera parte, mencionó sobre entender tu dinero. Si quieres ser millonario, debes aprender la habilidad de riqueza número dos, presupuestar tu dinero. Los ricos no gastan más de lo que ganan. En cambio, conservan religiosamente una parte de ella y le dejan ganar intereses. Para seguir sus pasos, aprende a administrar tus finanzas. A menos que aprendas esta importante habilidad, nunca alcanzarás el camino hacia la abundancia financiera.

Importancia de presupuestar tu dinero

Proporciona ideas

Presupuestar tu dinero te da conocimiento de tus ganancias y gastos. Cuando tienes un conocimiento básico del paradero de tu dinero, creas estabilidad financiera, que es el paso crucial hacia la abundancia.

Enseña el autocontrol

Cuando sabes cómo presupuestar tu dinero, desarrollas autodisciplina. Puedes controlar tus finanzas y evitar gastos innecesarios. Aprender a presupuestar te convierte en el jefe de tu dinero en lugar de ser un esclavo de tus finanzas.

Organiza tus finanzas

Organizar tus finanzas te advierte sobre cualquier problema financiero potencial. Tu presupuesto puede servir como un registro de todas tus transacciones financieras, guía para el pago de facturas de servicios públicos e inmediatamente te advierte cuando gastas de más.

Ofrecer nuevas oportunidades

Cuando sepas cómo presupuestar tu dinero, puedes aprovechar las oportunidades que de otro modo podrías perder. Debido a que conoces el flujo de dinero, puedes determinar exactamente si tienes fondos excedentes para invertir en otras oportunidades de hacer dinero.

Proporcionar más dinero de flujo de efectivo

El mayor beneficio de presupuestar tu dinero es tener dinero extra. Cuando recortas pagos innecesarios como multas e intereses atrasados, puedes ahorrar para tus necesidades futuras. Cuando pagas tus facturas a tiempo, no solo evitas los cargos por pagos atrasados, sino que también creas un buen nombre para ti y tu empresa.

Ganar tu primer millón es un desafío y presupuestarlo de acuerdo con tus necesidades es más desafiante. La clave para ser rico es tener el control de tus finanzas.

Conocer los beneficios del presupuesto es inútil si no lo practicas. Para armarte con la competencia necesaria en la habilidad de riqueza número 2, estos son los consejos para ayudarte a mantenerte dentro del presupuesto.

Consejos para presupuestar tu dinero

Hacer una lista

Cuando recibas tu primer millón, ten el hábito de hacer una lista de las cosas que debes pagar. Determina tus gastos futuros y reserva fondos para tus necesidades. Si administras un negocio, asegúrate de separar el presupuesto de trabajo de tu empresa. Estos incluyen dinero para la compra, mantenimiento y salario de tus empleados. Si no tienes una compañía y solo trabajas para ti o para otros, conoce tus gastos hasta el próximo día de pago. Escribe específicamente cada elemento y enfrenta de cada uno, tu cantidad correspondiente. De esta manera, sabrás si todavía estás dentro de tu presupuesto o si estás excediendo tus ganancias.

Separa tu dinero

Para las personas que son muy impulsivas a la hora de gastar, es ideal separar el presupuesto en partes. Puedes asignar tus fondos según lo siguiente:

- **Presupuesto de trabajo**

Tu presupuesto de trabajo incluye tus gastos diarios o mensuales. Por lo general, esto comprende la mayor parte del presupuesto. Aquí es donde obtendrás el pago de tus facturas mensuales, comida, subsidio y transporte.

- **Ahorro**

No importa cuán pequeños sean tus ingresos, los ahorros deben ser parte de tu presupuesto. Ser rico significa ahorrar más de lo que gastas. Incluso un pobre trabajador puede enriquecerse siempre que ahorre lo suficiente para su futuro. Los ahorros deben comprender al menos del 20% al 30% de tu presupuesto mensual.

- **Gastar dinero**

Por supuesto, la vida será aburrida si solo

trabajas para vivir y ahorrar. Tus actividades de ocio mensuales deben ser parte de tu presupuesto. Como dice el cliché: "Todo el trabajo sin juego, hace que un niño sea aburrido". Trabajar es más gratificante y divertido si te relajas de vez en cuando. Puedes obtener el dinero para tu ropa nueva, vacaciones o mimarte con el dinero que gastas. Para evitar el gasto excesivo, asegúrate de dejar tus tarjetas de débito y crédito en casa y mantenerte estrictamente dentro de tu dinero para gastos.

HABILIDAD DE RIQUEZA 3: Ganar más dinero con dinero

Una vez que tengas tus millones, puedes volverte más rico sentado cómodamente en casa y dejando que tu dinero haga el trabajo. Los millonarios son más ricos no porque trabajan duro para ganar sus millones sino porque dejan que su dinero trabaje duro por ellos. Si estás en camino a la abundancia financiera, estas son las formas comprobadas de dejar que tu dinero haga el trabajo por ti.

Invertir

Invertir es la forma más inteligente de hacer

que tu dinero funcione. Sin embargo, una inversión inteligente es importante para que mantengas tu dinero funcionando. Antes de invertir, asegúrate de tener el conocimiento del campo en el que deseas invertir. Invierte en propiedades que se aprecien a tiempo como propiedades inmobiliarias y acciones. No inviertas en electrodomésticos, productos electrónicos o incluso automóviles. Estas cosas se deprecian a través del tiempo. Esto significa que en lugar de ganar más dinero con tu dinero, terminarás con menos.

Ahorra en bancos

Si tienes una cantidad adicional de dinero, puedes depositarla en los bancos. Puedes mantenerlo de forma segura y ganar intereses al mismo tiempo. Aunque el interés no es mucho, al menos ganas en comparación cuando lo guardas en tu hogar. Otros bancos pueden dar hasta un 3% de interés anual. Los depósitos a plazo ganan más en comparación con la cuenta de ahorros ordinaria. La desventaja del depósito a plazo es que debes permitir que tu inversión madure antes de poder retirar tu dinero.

Ofrecer préstamos

Muchas personas y pequeñas empresas necesitan dinero para comenzar su propio negocio o alcanzar el fin de su estado financiero. Cuando ayudas a estas personas con sus necesidades financieras, puedes cobrarles intereses. Solo ten cuidado cuando otorgues préstamos a personas. Asegúrate de que tengan la capacidad de pago para garantizar el retorno de tu dinero o, mejor aún, solicita garantías.

HABILIDAD DE RIQUEZA 4: Proteger tu dinero

Una vez que tengas los millones, debes saber cómo presupuestar y mantener el dinero trabajando para ti, lo siguiente que debes hacer es proteger tu dinero. Proteger tu dinero es importante para que tu y tus nietos disfruten de la vida lujosa. Sin la protección adecuada, puedes ser millonario por un día y vivir en la pobreza al día siguiente.

Seguro

El seguro protege tus inversiones y dinero. Al igual que cuando aseguras tu casa y otros activos, proteges tus propiedades de las desgracias. Cuando inviertas tu dinero, manténlo en bancos con buenas pólizas de seguros. La mayoría de los bancos garantizan depósitos de hasta $ 100,000 por persona. En esa cantidad, es aconsejable repartir tu dinero en muchos bancos para obtener lo mejor del seguro. El seguro no solo es fiel a tu dinero en los bancos, sino también a tus otros activos.

Se un sabio inversor

Tus millones son tus ganancias duras. Es el fruto de tu precioso tiempo y esfuerzo. Por lo tanto, antes de invertir tu dinero, comprende el mercado donde lo colocarás. Un inversor prudente realiza una investigación de la entrada y salida del negocio. Puedes hacer observación directa o trabajar con una persona conocida por ser experta en el campo.

CONCLUSIÓN:

El camino hacia la riqueza es desafiante. Sin embargo, si tienes las cuatro habilidades esenciales de riqueza, todo será fácil. Recuerda, puedes ganar dinero desde cero, pero una vez que lo tengas, aprende a presupuestar tu dinero, hacerlo funcionar para ti y protegerlo. Aunque la riqueza no llega de la noche a la mañana, puedes comenzar a adaptar y dominar las habilidades ahora. Cuanto antes comiences con la habilidad, antes te harás rico.

7 pasos vitales para cambiar tu mañana, comenzando hoy

El futuro es una manifestación de los hechos presentes. Puedes conocer tu futuro por tus acciones presentes. Puedes transformar tu futuro cambiando tu vida presente. Sin embargo, el cambio es una de las cosas más difíciles de experimentar. Muchas personas no pueden tolerar cambios drásticos en sus vidas. Debido a las incertidumbres que vienen con el cambio, las personas son reacias a él. Si deseas cambiar tu mañana, debes comenzar los cambios hoy. Aquí están los 7 pasos vitales para ayudarte a traer una mañana más fructífera.

1. Eres la suma de las 5 personas con las que pasas la mayor parte del tiempo

Si quieres saber tu futuro, mira la vida de las personas con las que estás actualmente. Las personas que te rodean tienen influencia directa en tu vida. Adquieres algunas de sus actitudes, principios y prácticas. Eres como un niño pequeño que absorbes las prácticas de los adultos que te rodean. Cuando vas con personas deshonestas, eventualmente alteras tus propios valores y adquieres su deshonestidad. Sin embargo, si vas por personas honestas, su honestidad refuerza tus propios valores personales. El tipo de personas con las que compartes tu vida son personalidades muy poderosas que afectan tus acciones actuales y más tarde son dueños de tu vida futura. Debido a su gran impacto en tu vida, es muy importante que los conozcas muy bien. Una vez que conozcas su influencia en ti, sabrás cómo aprovecharla.

La idea de ser la suma de las personas que te rodean es a menudo una de las partes más olvidadas de la psicología humana. Aunque este no es un pensamiento novedoso, las personas siguen ignorando la influencia de los demás en sus vidas. Como resultado, terminan siendo como su detestado personaje. Todo esto es porque pasaron demasiado tiempo con la persona. La persona con la que estás puede elevarte tanto como puede derribarte. El primer paso para cambiar tu futuro hoy es conocer a las cinco personas de tu círculo central. Para que puedas ver su impacto en tu vida, estos son los pasos que puedes seguir.

Identifica las cinco personas con las que pasas la mayor parte del tiempo

Como eres la suma de las personas que te rodean, debes tener cuidado con las personas con las que pasas la mayor parte del tiempo. Aunque algunos de ellos son indispensables en tu vida, como tus padres o hermanos, trata de pasar el menor tiempo posible con personas inevitables con un impacto negativo en tu vida futura. Otras personas con las que puedes pasar el tiempo con frecuencia son tus amigos, compañeros de oficina o compañeros de escuela y tu persona especial. Cada persona puede tener una respuesta diferente a las cinco personas con las que pasan la mayor parte del tiempo. Pero en su mayoría girará en torno a estos grupos.

Identificar las cualidades de estas cinco personas

Una vez que hayas identificado a las cinco personas en tu vida, intenta evaluar la personalidad de cada uno. Míralos en cada aspecto de su vida. Mira su relación familiar, su dedicación al trabajo o la escuela, su actitud hacia los problemas y su perspectiva de la vida. Conocer a estas personas te ayudará a conocerte mejor.

Identifica las actitudes que compartes con estas cinco personas en tu vida

Después de conocer tu círculo central y sus atributos especiales, intenta evaluar tu propia vida. ¿Qué características positivas y negativas posees? ¿Con quién puedes relacionar tus características? Cuando eres capaz de identificar la influencia principal en ese rasgo de personaje, puedes hacer algo al respecto. Si deseas mejorar un atributo positivo proveniente de uno de tus grupos principales, intenta acercarte a la persona. Mientras más tiempo pases con él / ella, mejor podrás imitar esa actitud. Sin embargo, si ves atributos principalmente negativos para tu grupo principal, reconsidera mejor tu relación con la persona.

Todos necesitan una tribu. Sin embargo, tu tribu debe ejercer una buena influencia en tu vida para beneficiarte de ella. Si estás en una mala compañía, tu futuro está en riesgo. Tus elecciones hoy, incluida tu elección de empresa, tienen un efecto directo en tu vida. Si quieres conocer tu futuro, mira las vidas de las personas con las que pasas la mayor parte de tu vida.

2. Encuentra un mentor

Todos admiran a alguien, puede ser un viejo maestro, tus padres o una hermana o hermano mayor o tu mejor amigo. La persona que admiras puede servirte como tu mentor. Debido a que lo adoras, lo más probable es que escuches sus sugerencias y enseñanzas. Un buen mentor proporciona nuevos conocimientos y te dirige al camino correcto. Si deseas cambiar tu vida mañana, busca un buen mentor que te lleve al tipo de vida que deseas tener. Para saber si tu mentor es bueno para mantener, aquí están las características ideales de un mentor.

Actúa como un modelo a seguir

Tienes que practicar lo que enseñas. Para ser un mentor efectivo, debes hacer lo que dices.

La mejor manera de dirigir a una persona en el camino correcto es modelando un buen ejemplo. Como dice el cliché, las acciones hablan más que las palabras. Si tu mentor es digno de emulación, mira su vida. De lo contrario, debes encontrar otros mentores con los que relacionar tu vida.

Voluntad de compartir

Un buen mentor es alguien que está dispuesto a compartir los secretos de la buena vida. Si tu mentor está abierto a compartir su experiencia y te enseña las habilidades para tener éxito en la vida, puedes confiar en la persona con tu vida.

Motiva a otros

Un buen mentor puede sacar la motivación intrínseca de una persona. Para que tu mentor sea un buen líder, él / ella debe sacar lo mejor de ti. Algunos estudiantes o seguidores vuelven a sus viejas costumbres cuando el mentor desaparece. Si tu eres una de estas personas, tu mentor no es efectivo. Un mentor efectivo, naturalmente, saca a relucir la motivación interna de sus seguidores. Incluso en tu ausencia, los seguidores permanecen dentro de tus enseñanzas sin la necesidad de una supervisión constante.

3. Comienza o únete a un equipo de personas con ideas afines

El esfuerzo de un grupo es más fuerte que el esfuerzo de un individuo. Cuando quieras transformar tu vida hoy, únete a grupos o equipos con el mismo interés que el tuyo. A diferencia de cuando trabajas solo para cambiar algunos aspectos de tu vida, un esfuerzo grupal es más fuerte y más difícil de interrumpir. Cuando perteneces a un equipo, tu convicción por una vida mejor es más dura y, por lo tanto, más difícil de romper. Cuando llegues a un punto de saturación, tu equipo puede ayudarte y apoyarte a lo largo del viaje. Al contrario de trabajar solo, el equipo con personas de ideas afines puede respaldarte cuando pierdes tu perseverancia. A continuación se presentan las ventajas de trabajar en equipo.

Proporciona un sentido de seguridad

Trabajar en equipo te da una sensación de seguridad. Cuando tienes un grupo que compartes el mismo interés que el tuyo, estás seguro de su apoyo ante cualquier problema que pueda surgir. Sabes que hay personas que se quedan contigo y te guiarán a medida que avanzas.

Mayor aprendizaje

A medida que trabajas con personas, aumentas tu conocimiento con tus experiencias. Debido a que compartes un interés común, puedes extraer sabiduría de ellos. No tienes que experimentar personalmente las cosas solo para aprender. Al escuchar sus sentimientos, puedes aprender mucho de los eventos en sus vidas.

Compensar la debilidad de un individuo

Cada persona tiene su propia debilidad. Cuando trabajas solo para cambiar tu futuro, incluso la pequeña debilidad puede ser perjudicial para tu objetivo. Sin embargo, si tienes un equipo, otros miembros pueden compensar tu propia debilidad. Pueden ayudarte a lidiar con una debilidad y enseñarte a superarla. Puedes sacar fuerzas del equipo especialmente en tu situación más baja.

Desarrollar una relación personal

Unirse a un equipo también te proporciona relaciones que son más personales. A medida que pasas más tiempo con tu equipo, puedes encontrar amistad con ellos e influirse mutuamente. Nuevamente, en este caso, volvemos a las cinco personas con las que pasas la mayor parte de tu tiempo. Asegúrate de que el equipo al que te unirás tendrá un impacto positivo en tu vida futura.

Mayor comprensión de la perspectiva de otras personas

Debido a que estás trabajando con otras personas, comprenderás mejor la forma en que las personas piensan y actúan. Puedes usar tu aprendizaje para evaluar tu propio carácter y luego mejorar tu personalidad.

4. Entrar en el negocio

La mayoría de las personas que quieren transformar sus vidas comienzan con un negocio. Si te das cuenta, las personas más ricas no son empleados, sino empresarios que se arriesgaron a hacer las cosas por su cuenta. Si deseas lograr un mejor estado financiero en el futuro, puedes comenzar a establecer tu propio negocio hoy. Aquí están los beneficios percibidos de tener tu propio negocio.

Sé tu propio jefe

Si eres un empleado, debes llevarte bien con tu jefe y tus compañeros de trabajo. Hay demasiadas personas con las que trabajar. Necesitas adaptarte a su personalidad y caprichos. Cuando tienes tu propio negocio, te conviertes en tu propio jefe. No tienes que adaptarte al capricho de nadie. Todo lo que necesitas hacer es trabajar duro y trabajar con tus futuros clientes.

Tiempo flexible

Trabajar en una oficina significa pasar 8 horas en el área. No puedes abandonar el lugar de trabajo ya que las sanciones están listas para su implementación. Cuando tienes tu propio negocio, puedes ser dueño de tu tiempo. Tienes la última palabra sobre tu día libre, horas de trabajo y tu tiempo de descanso.

Generar ingresos ilimitados

Debido a que trabajas a tu propio ritmo, puedes generar más ingresos como lo desees. A diferencia de cuando eres un empleado ordinario, solo recibes tus cheques de pago dos veces y en una cantidad prevista. En los negocios, puedes generar millones en días o años dependiendo de tu propia capacidad.

5. Inicia una cuenta bancaria para fines de inversión

Abrir una cuenta bancaria te ayuda a ahorrar tus recursos e invertir para tu propósito. En lugar de tener dinero en tus manos, tener una cuenta bancaria te brinda innumerables beneficios. Estas son las pocas ventajas de mantener una cuenta bancaria.

Más seguro

Cuando tienes tu cuenta bancaria, no guardas personalmente tu dinero. El banco tiene la responsabilidad de tu dinero. Por lo tanto, lo protege de ladrones y posibles desastres como calamidades naturales y causadas por el hombre. Incluso durante una quiebra, tu dinero tiene un seguro para mantener al depositante sin preocupaciones.

Más fácil de guardar

Los bancos te ayudan a ahorrar dinero. La mayoría de las personas que gastan de más tienen más dinero en efectivo. Cuando mantienes tu dinero en los bancos, evitas gastar demasiado. También evitas retirar una gran cantidad de dinero en los bancos debido a tus límites de retiro existentes.

Ganas intereses

Con cuentas bancarias, tu dinero funciona para ti. Si mantienes tu dinero bajo tu propia custodia, el valor es el mismo desde el primer día hasta el día en que lo necesites. Si lo mantienes en los bancos, se convierten en tu inversión personal porque ganas intereses cada mes.

6. Gestión del tiempo: cómo obtener más tiempo en un día para construir tu libertad financiera

A veces puedes escuchar a la gente decir que 24 horas en un día no es suficiente para terminar todo su trabajo y cumplir con todos los plazos. Si tu eres una de estas personas, escucharás respuestas como "si no puede encontrar tiempo, tómese tiempo". Con la sociedad ocupada en la que te encuentras, sientes que necesitas comprimir todo en 24 horas. El secreto para alcanzar tus metas establecidas es simplemente dejar de quejarte, sentarte y comenzar a hacer el trabajo. La mayoría de las personas que siguen diciendo que el tiempo no es suficiente son las personas a las que les encanta quejarse. En lugar de usar el tiempo de trabajo, pasan dos o tres horas quejándose y discerniendo cómo comenzar el trabajo. Si otros pueden comprimir todas sus obligaciones en el tiempo dado, ¿por qué no puedes hacerlo?

Gestión del tiempo

La clave para cumplir con tus plazos es a través de una gestión eficiente del tiempo. Con la asignación correcta de tu tiempo y tarea, puedes alcanzar tu objetivo y aún así encontrar tiempo para relajarte. Aunque la gestión del tiempo es una habilidad, puedes aprenderla mientras la practicas. Estos son algunos de los consejos de gestión del tiempo beneficioso comprobado.

Priorizar cosas

Puedes comenzar tu día enumerando las cosas que necesitas para lograr priorizando aquellas que son urgentes. Cuando tienes una lista de tareas pendientes, puedes mantener tu mente enfocada en tu lista y evitar desviarte de ella. Puedes crear la lista escribiendo aquellos que necesitan tu atención inmediata. Una vez que termines el más urgente, puedes comenzar a hacer el siguiente en la fila y así sucesivamente. Al priorizar las cosas, evitas sacrificar una tarea sobre otra.

Conoce tus horas más productivas

Diferentes personas tienen diferentes niveles de productividad durante el día. Aunque la mayoría de las personas son más productivas por la mañana, también hay personas que encuentran las tardes relajantes para trabajar de la mejor manera. Si eres una persona mañanera, intenta delegar tareas complicadas por la mañana. Cuando conozcas tus horas más productivas, puedes asignar este tiempo para realizar un trabajo difícil y reservar las más fáciles durante tus momentos de inactividad.

Comienza y termina tu tarea

El problema con las personas que se quejan de tiempo insuficiente es dejar una tarea sin terminar y comenzar un nuevo trabajo. Si deseas adaptar una buena habilidad de gestión del tiempo, finaliza todas las tareas que has comenzado. De lo contrario, tu día habrá terminado con varias tareas abiertas y pendientes. Al final, no lograras ni siquiera un pequeño trabajo y arruinarás totalmente todo.

Analiza tu situación

Si te sientes corriendo tras el reloj todos los días, es hora de sentarte y analizar toda la situación. Puede haber problemas en la forma en que manejas tu tiempo. Descubre actividades en las que pasas demasiado tiempo. Una vez que descubras esto, podrás estar más atento al hacerlo. Si pierdes de tres a cinco horas navegando en sitios de redes sociales, puedes reducir esto a una hora para que las horas restantes sean más productivas.

Crea una meta

Un objetivo es tu motivación para la gestión del tiempo. Cuando establezcas tus objetivos, se realista. Recuerda que solo tienes 24 horas en un día. Nunca establezcas metas que no sean factibles. De lo contrario, terminarás frustrado todos los días.

Delegar y subcontratar

No hay nada de malo en ofrecer voluntariamente tus servicios a las personas. Sin embargo, se realista. No puedes ser un héroe todos los días. Aprende a delegar otras tareas a personas de confianza y deja que se hagan responsables de ello. Por mucho que desees hacer todo, la multitarea a menudo es difícil. Si no eres bueno en eso, terminarás sacrificando algunas cosas por otras.

Usa tu tiempo de espera productivamente

Esperar es una de las actividades que más tiempo pierdes. Espera tu turno en la línea del cajero, espera el servicio de comida y espera una larga cola en los grandes almacenes. Puedes pasar estas horas esperando productivamente. En lugar de ver caer la próxima hoja o la siguiente persona que entrará por la puerta, puedes traer un buen libro para leer o revisar documentos o llevar cualquier tarea útil contigo. A medida que aprendes a hacer esto, la cantidad de tareas que finalizas durante tus tiempos de espera pueden salvarte de muchas obligaciones.

La gestión del tiempo es aprender a usar tu tiempo sabiamente y para tu propio beneficio. Es una habilidad que nadie te enseña, pero debes aprender a sobrevivir a los desafíos de la vida. Mientras mantengas tus cosas bien organizadas, controlarás tu tiempo y tu vida.

7. ¡Céntrate en un proyecto a la vez!

Nuestros cerebros son como las computadoras. Cuando realizas varias tareas al mismo tiempo, la computadora se cuelga y se descompone. Al igual que las computadoras, nuestro cerebro solo puede acomodar completamente un proyecto a la vez. Aunque algunas personas creen en la multitarea, la calidad del producto producido a partir de la multitarea no es tan eficiente como el proyecto producido con pleno enfoque. Esto se debe a que tu cerebro solo puede concentrarse en un solo pensamiento a la vez. Cuando sigues el concepto de un proyecto a la vez, tu producción es superior y es más probable que se complete.

Mantenerse enfocado en un proyecto y cerrar tus pensamientos de otras tareas es bastante difícil. La presencia de distracciones constantes en el entorno y en tu mente puede desviar fácilmente tu atención a otras cosas. No importa cuán difícil sea la habilidad, debes dominarla para crear cambios en tu vida que serán beneficiosos para tu futuro. Para ayudarte a aprender la habilidad, estos son los consejos que debes seguir:

Divide las cosas en trozos pequeños

No te abrumes con una gran tarea. Si puedes dividirlo en tareas más pequeñas, mucho mejor. Dividir la tarea difícil en varios proyectos más pequeños y alcanzables. En lugar de obtener un proyecto abrumador, intenta dividirlo en divisiones.

Eliminar posibles distracciones

Trabajas mejor en un ambiente tranquilo; encuentra una habitación tranquila donde puedas concentrarte en tu proyecto. Evita distracciones como ruido, interrupciones y otras formas de disturbios.

Manten tus metas claras

Una de las mejores maneras de mantenerte enfocado en un proyecto es aclarando tus objetivos. Cuando tengas objetivos claros, todos dirigirán todo tu esfuerzo para alcanzar el objetivo que estableces. Es más fácil mantenerte motivado cuando tienes objetivos realistas y alcanzables.

CONCLUSION:

Los cambios no ocurren en un instante. Para crear un cambio más duradero para tu futuro, debes equiparte con las habilidades necesarias para garantizar un futuro exitoso. Por mucho que desees alcanzar tus objetivos solo, esto es bastante difícil. Las personas más exitosas no lograron el éxito por sí mismas. Hay personas alrededor que los ayudaron a ser la persona que querían ser. SI quieres cambiar tu mañana, comienza a actuar hoy y busca personas que compartan los mismos sentimientos Tu!

Tienes una **MENTALIDAD DE RIQUEZA!!**

. **Visita nuestra página de autores en Amazon! ¡Y consigue más MENTES LIBRES!**

http://amazon.com/author/menteslibres

Si lo deseas, puedes dejar tu comentario sobre este libro haciendo clic en el siguiente enlace para que podamos seguir creciendo! ¡Muchas gracias por tu compra!

https://www.amazon.com/dp/B081LL1FPS

www.ingramcontent.com/pod-product-compliance
Lightning Source LLC
Chambersburg PA
CBHW070806220526
45466CB00002B/565